I Can Master
Subtraction

Carson-Dellosa Publishing, LLC
Greensboro, North Carolina

Credits
Content Editor: Jennifer B. Stith
Copy Editor: Rebecca Benning
Layout and Cover Design: Lori Jackson
Cover Illustration: Nick Greenwood

 Visit carsondellosa.com for correlations to Common Core State, national, and Canadian provincial standards.

Carson-Dellosa Publishing, LLC
PO Box 35665
Greensboro, NC 27425 USA
carsondellosa.com

© 2013, Carson-Dellosa Publishing, LLC. The purchase of this material entitles the buyer to reproduce worksheets and activities for classroom use only—not for commercial resale. Reproduction of these materials for an entire school or district is prohibited. No part of this book may be reproduced (except as noted above), stored in a retrieval system, or transmitted in any form or by any means (mechanically, electronically, recording, etc.) without the prior written consent of Carson-Dellosa Publishing, LLC.

Printed in the USA • All rights reserved. ISBN 978-1-60996-954-7

Introduction

I Can Master Subtraction is the perfect tool for teachers looking for that extra something to help reluctant and struggling students practice basic facts. This book contains standards-based, fun activities including:

- Mazes
- Hidden pictures
- Number searches
- Riddles
- Codes
- And more!

Copy and cut out the "karate belt" bracelets to use as rewards when students master a set of subtraction facts. Copy and give the award certificate to students who master all of their subtraction facts within 20.

Table of Contents

Common Core State Standards Supported 3

Subtraction Facts 0–5 4

Subtraction Facts 6–10 9

Subtraction Facts 0–10 14

Subtraction Facts 11–15 24

Subtraction Facts 16–20 29

Subtraction Facts 11–20 34

Subtraction Facts 0–20 39

"Karate Belt" Bracelet Patterns 45

Award Certificate 46

Answer Key 47

 # Common Core State Standards Supported

Kindergarten	
Counting and Cardinality	
Know number names and the count sequence.	Pages 7, 23, 30, and 38
Count to tell the number of objects.	Pages 8, 9, and 24
Compare numbers.	Pages 12, 19, and 34
Operations and Algebraic Thinking	
Understand addition as putting together and adding to, and understand subtraction as taking apart and taking from.	Pages 4–8
First Grade	
Operations and Algebraic Thinking	
Understand and apply properties of operations and the relationship between addition and subtraction.	Pages 25 and 44
Add and subtract within 20.	Pages 4–44
Work with addition and subtraction equations.	Pages 5, 14, 20, 29, and 32
Second Grade	
Operations and Algebraic Thinking	
Add and subtract within 20.	Pages 4–44

© Copyright 2010. National Governors Association Center for Best Practices and Council of Chief State School Officers. All rights reserved.

Name_____ Date_____ Subtraction Facts 0–5

Who Ate the Cookies?

Solve each problem. Cross out cookies in each jar to show the number of cookies that were eaten.

1.  4 – 1 = ___

2.  5 – 3 = ___

3.  2 – 2 = ___

4.  5 – 4 = ___

5.  3 – 1 = ___

6.  4 – 2 = ___

7.  5 – 1 = ___

8.  5 – 2 = ___

CD-104578 • © Carson-Dellosa

Name_____ Date_____ Subtraction Facts 0–5

 **"Whooo's" Who?**

Cut out the facts. Glue each fact below the correct answer.

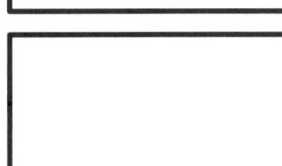 

 cut

| 4 – 2 | 5 – 0 | 1 – 1 | 5 – 4 | 5 – 1 | 3 – 1 | 5 – 5 | 3 – 2 | 4 – 1 |

CD-104578 • © Carson-Dellosa

Name_____ Date_____ Subtraction Facts 0–5

Dino Facts

Solve each problem. Find and circle each problem and answer in the puzzle. Problems can be found across and down. The first one has been done for you.

1. 4 − 3 = __1__   2. 3 − 2 = ___   3. 5 − 3 = ___   4. 2 − 2 = ___   5. 3 − 3 = ___

6. 3 − 1 = ___   7. 2 − 0 = ___   8. 4 − 2 = ___   9. 5 − 4 = ___   10. 4 − 1 = ___

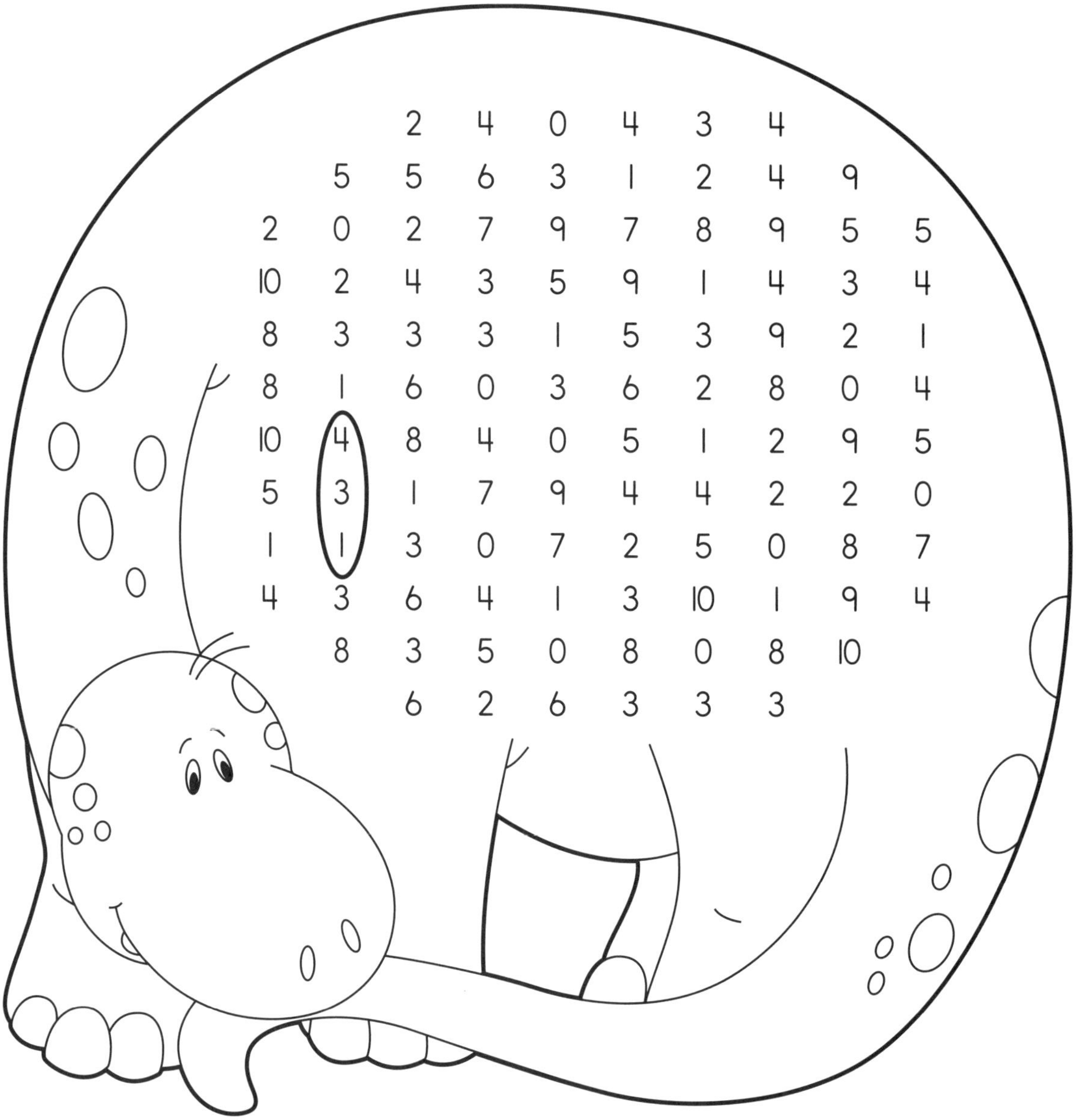

```
                2  4  0  4  3  4
             5  5  6  3  1  2  4  9
          2  0  2  7  9  7  8  9  5  5
         10  2  4  3  5  9  1  4  3  4
          8  3  3  3  1  5  3  9  2  1
          8  1  6  0  3  6  2  8  0  4
         10  4  8  4  0  5  1  2  9  5
          5  3  1  7  9  4  4  2  2  0
          1  1  3  0  7  2  5  0  8  7
          4  3  6  4  1  3 10  1  9  4
             8  3  5  0  8  0  8 10
                6  2  6  3  3  3
```

6   CD-104578 • © Carson-Dellosa

Name_____ Date_____ Subtraction Facts 0-5

Subtraction Scramble

Solve each problem. Unscramble the number words. Circle the number word that matches each answer.

1. 5 − 0 = ___   iefv _____   rufo _____

2. 3 − 2 = ___   neo _____   eroz _____

3. 1 − 0 = ___   wot _____   eno _____

4. 4 − 2 = ___   hrtee _____   wto _____

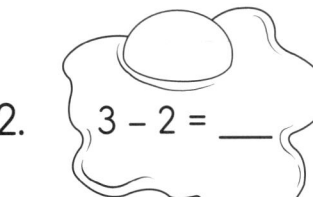
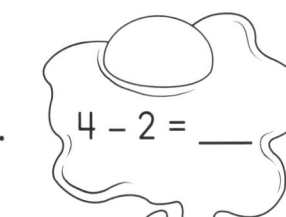

5. 5 − 4 = ___   neo _____   rouf _____

6. 3 − 1 = ___   wot _____   vefi _____

7. 2 − 2 = ___   rethe _____   rzeo _____

8. 5 − 3 = ___   zroe _____   tow _____

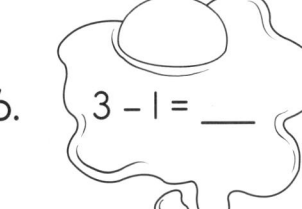
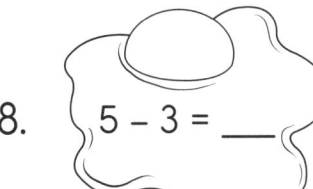

9. 2 − 1 = ___   wot _____   oen _____

10. 4 − 1 = ___   etrhe _____   urfo _____

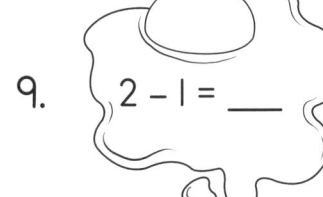

CD-104578 • © Carson-Dellosa   7

Name_____ Date_____ Subtraction Facts 0–5

Sand Pail Problems

Cut out the shells. Solve each problem. Use the shells to help you.

1.
4 – 1 = ___

2.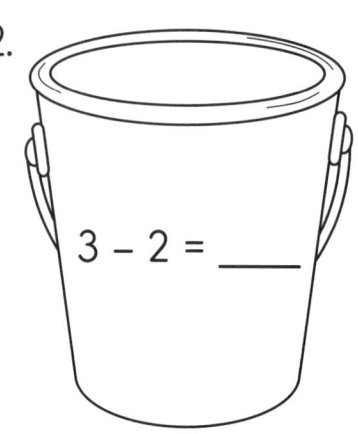
3 – 2 = ___

3.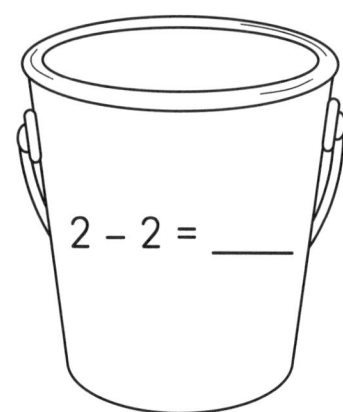
2 – 2 = ___

4.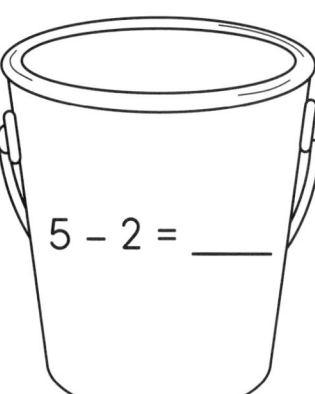
5 – 2 = ___

5.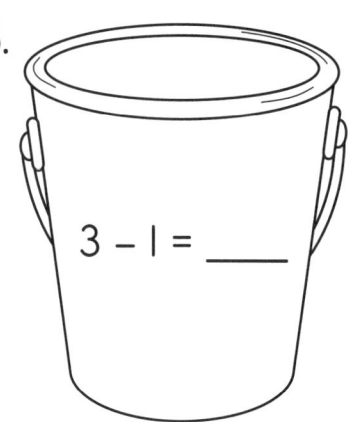
3 – 1 = ___

6.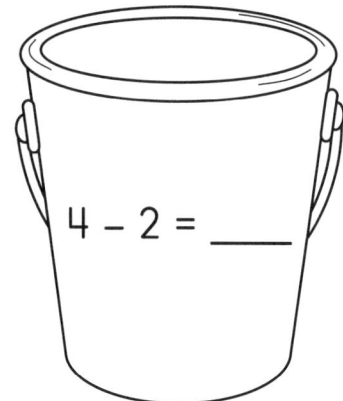
4 – 2 = ___

8   CD-104578 • © Carson-Dellosa

Name_____ Date_____ Subtraction Facts 6-10

 **Check Your Pack**

Solve each problem. Cross out items in each backpack to show the number of items that were taken away. Color the backpack with the least number of items left.

1.

   9 − 5 = ___

2.

   8 − 3 = ___

3.

   10 − 4 = ___

4.

   10 − 7 = ___

5.

   6 − 2 = ___

6.

   6 − 3 = ___

7.

   8 − 6 = ___

8.

   7 − 4 = ___

9.

   10 − 5 = ___

CD-104578 • © Carson-Dellosa

9

Name_____ Date_____ Subtraction Facts 6–10

Hop to It!

Solve each problem. Use the key to color the picture.

Key

4 = red   3 = blue   2 = green   1 = orange   0 = yellow

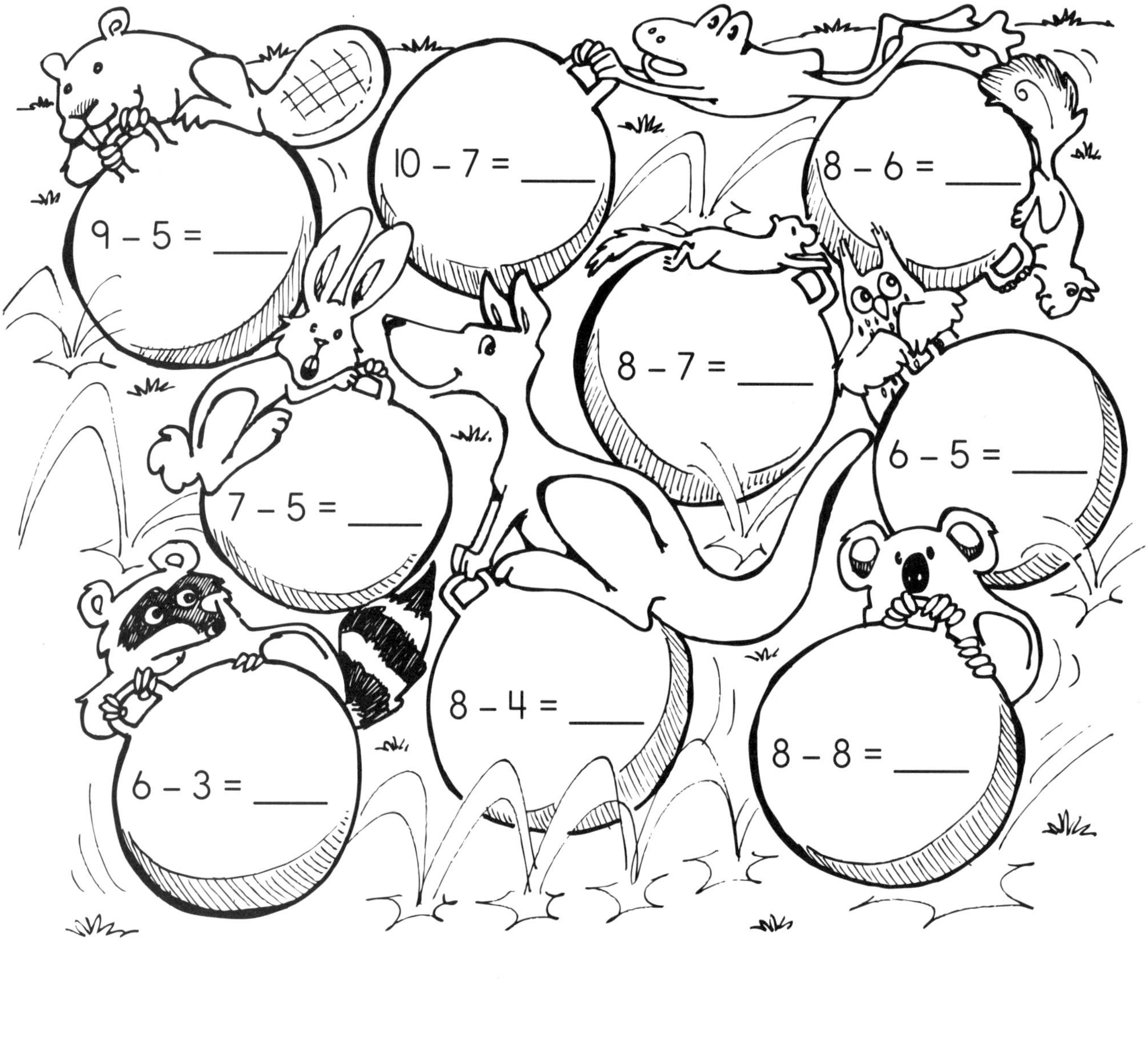

9 – 5 = ___

10 – 7 = ___

8 – 6 = ___

8 – 7 = ___

6 – 5 = ___

7 – 5 = ___

8 – 4 = ___

8 – 8 = ___

6 – 3 = ___

10

Name_____ Date_____ Subtraction Facts 6–10

 **You've Got Mail**

Solve each problem. To solve the riddle, match each difference to a letter in the key. Write the letters in order on the lines.

Key
2 = E   3 = I   4 = O   5 = T   6 = F   7 = S   8 = C   9 = P

1. 9 – 0 = ___   2. 9 – 5 = ___   3. 8 – 1 = ___   4. 8 – 3 = ___

5. 7 – 3 = ___   6. 9 – 3 = ___   7. 8 – 2 = ___   8. 7 – 4 = ___

9. 9 – 1 = ___   10. 6 – 4 = ___

What starts with P, ends with E, and has thousands of letters in it?

Answer: A ___ ___ ___   ___ ___ ___ ___ ___

CD-104578 • © Carson-Dellosa

11

Name_____ Date_____ Subtraction Facts 6–10

   **Derby Differences**

Solve each problem. To find the winner, color the horse whose lane has the problem with the greatest difference.

A.

6	10	9	10	8	4
−5	−9	−1	−6	−3	−1

B.

7	10	10	2	9	5
−6	−8	−7	−2	−5	−5

C.

9	1	9	8	6	10
−4	−1	−5	−8	−5	−1

D.

7	8	10	9	8	9
−3	−5	−4	−3	−7	−6

E.

9	5	6	8	2	7
−3	−2	−6	−1	−1	−5

F.

8	10	8	10	8	6
−4	−6	−3	−9	−8	−5

12 CD-104578 • © Carson-Dellosa

Name_____ Date_____ Subtraction Facts 6-10

Blast Off!

Solve each problem. To find the hidden picture, use the key to color the spaces.

Key
1 = green   2 = red   3 = blue   4 = yellow

10 − 6 =
8 − 5 =
7 − 5 =
7 − 4 =
8 − 5 =
9 − 6 =
7 − 6 =
9 − 5 =
8 − 4 =
5 − 4 =
7 − 4 =
6 − 5 =
7 − 4 =
6 − 5 =
9 − 6 =
7 − 6 =
6 − 4 =
5 − 4 =
8 − 6 =
7 − 5 =
8 − 6 =
8 − 5 =
10 − 6 =
8 − 4 =
9 − 5 =

CD-104578 • © Carson-Dellosa   13

Name_____ Date_____ Subtraction Facts 0–10

Pick a Number

Use the numbers in each box to write true subtraction facts. Cross out the numbers as you use them.

(8   4   6   1   6   7   2   9   5   4   3   5)

1. _____ = 3   2. _____ = 3

3. _____ = 3   4. _____ = 3

5. _____ = 3   6. _____ = 3

(3   7   1   8   5   0   4   2   6   4   5   9)

7. _____ = 4   8. _____ = 4

9. _____ = 4   10. _____ = 4

11. _____ = 4   12. _____ = 4

14   CD-104578 • © Carson-Dellosa

Name_____ Date_____ Subtraction Facts 0-10

 ## Slippery Riddle

Solve each problem. To solve the riddle, match each difference to a letter in the key. Write the letters in order on the lines.

Key
0 = I   1 = K   2 = N   3 = A   4 = T
5 = G   6 = H   7 = O   8 = B   9 = L

What did the banana say to the dog?

1. 4 − 2 = ___   2. 9 − 2 = ___   3. 7 − 3 = ___   4. 7 − 1 = ___

5. 5 − 5 = ___   6. 5 − 3 = ___   7. 6 − 1 = ___   8. 9 − 1 = ___

9. 8 − 5 = ___   10. 6 − 4 = ___   11. 5 − 2 = ___   12. 3 − 1 = ___

13. 4 − 1 = ___   14. 6 − 3 = ___   15. 7 − 5 = ___   16. 9 − 5 = ___

17. 6 − 2 = ___   18. 7 − 4 = ___   19. 10 − 1 = ___   20. 3 − 2 = ___

Answer: ___ ___ ___ ___ ___ ___ ___

___ ___ ___ ___ ___ S

C ___ ___ ' ___ ___ ___ ___ ___ !

Name_____ Date_____ Subtraction Facts 0–10

 **Under the Sea**

Solve each problem. To find the hidden picture, use the key to color the spaces.

Key
2 = yellow   4 = gray   6 = blue

- 8 – 2 =
- 9 – 3 =
- 6 – 2 =
- 5 – 1 =
- 7 – 1 =
- 9 – 3 =
- 8 – 2 =
- 8 – 2 =
- 5 – 1 =
- 7 – 3 =
- 6 – 2 =
- 7 – 3 =
- 7 – 1 =
- 5 – 1 =
- 5 – 1 =
- 6 – 2 =
- 7 – 3 =
- 7 – 3 =
- 8 – 2 =
- 9 – 3 =
- 9 – 3 =
- 5 – 3 =
- 4 – 2 =
- 3 – 1 =
- 4 – 2 =
- 3 – 1 =

16   CD-104578 • © Carson-Dellosa

Name_____ Date_____ Subtraction Facts 0–10

 **Animal Mix-Up**

Solve each problem. Use the key to color the spaces. Unscramble the letters with the same color of spaces to find and write five animal names.

Key
1 = yellow   2 = blue   3 = green   4 = orange   5 = red

3 – 1 = ____ C	7 – 6 = ____ A	7 – 3 = ____ A
5 – 1 = ____ T	5 – 3 = ____ W	3 – 2 = ____ R
8 – 3 = ____ Y	6 – 4 = ____ O	4 – 1 = ____ D
5 – 4 = ____ T	7 – 4 = ____ O	9 – 4 = ____ K
6 – 3 = ____ G	10 – 5 = ____ A	6 – 2 = ____ C

_____ _____ _____ _____ _____

CD-104578 • © Carson-Dellosa

Name_____ Date_____ Subtraction Facts 0-10

Crisscross

Draw lines to match pairs of numbers in each box. The difference of each pair equals the number above the pencil. The first line has been drawn for you.

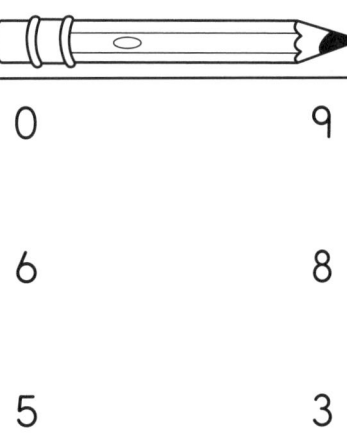

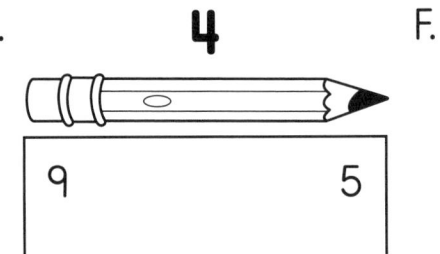

A. **2**

7	5
3	4
2	9

B. **5**

5	7
2	10
1	6

C. **3**

0	9
6	8
5	3

D. **1**

3	6
7	4
5	8

E. **4**

9	5
8	2
6	4

F. **6**

7	4
9	3
10	1

18   CD-104578 • © Carson-Dellosa

Name_____ Date_____ Subtraction Facts 0-10

A Hole in One

Solve each problem. If the difference is 5 or less, color the space yellow. If the difference is 6 or more, color the space green. The picture will solve the riddle.

What number do golfers call in the middle of a match?

7 − 2	9 − 0	7 − 4	10 − 2	8 − 4
6 − 5	8 − 1	10 − 5	8 − 2	6 − 3
8 − 3	9 − 2	9 − 3	10 − 0	9 − 7
9 − 6	4 − 1	6 − 4	9 − 1	9 − 5
2 − 1	9 − 8	5 − 2	10 − 1	4 − 2

CD-104578 • © Carson-Dellosa   19

Name_____ Date_____ Subtraction Facts 0–10

 **Egg-cellent Facts**

Solve each problem below. Cut out the eggs. Paste each egg on the nest with the matching difference.

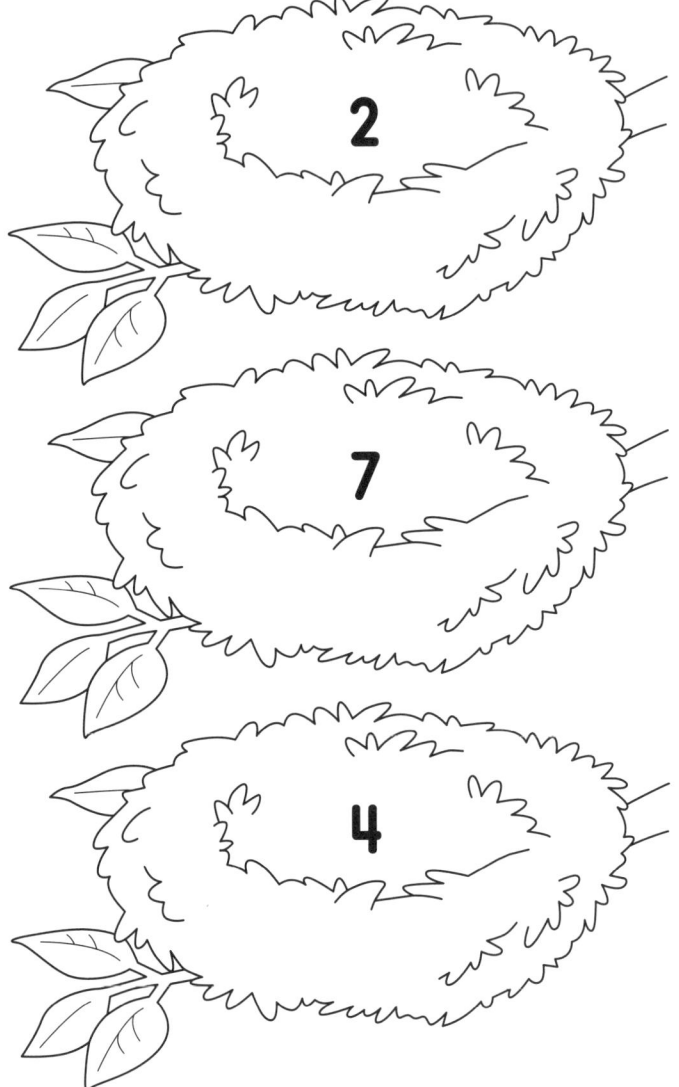

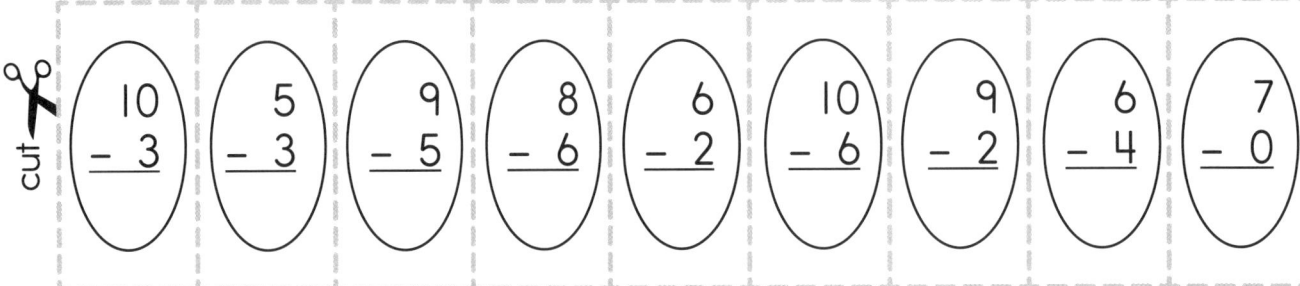

Name_____ Date_____ Subtraction Facts 0–10

Construct-a-Bot

Solve each problem. Use the key to draw a robot with the numbers of parts shown.

Key

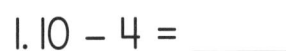

1. 10 − 4 = ____

2. 9 − 6 = ____

3. 8 − 3 = ____

4. 2 − 1 = ____

5. 4 − 3 = ____

6. 5 − 3 = ____

7. 7 − 5 = ____

8. 9 − 7 = ____

Name_____ Date_____ Subtraction Facts 0–10

A Puzzling Act

Cut out the puzzle pieces. On a separate sheet of paper, glue the puzzle together so that all of the subtraction problems are correct.

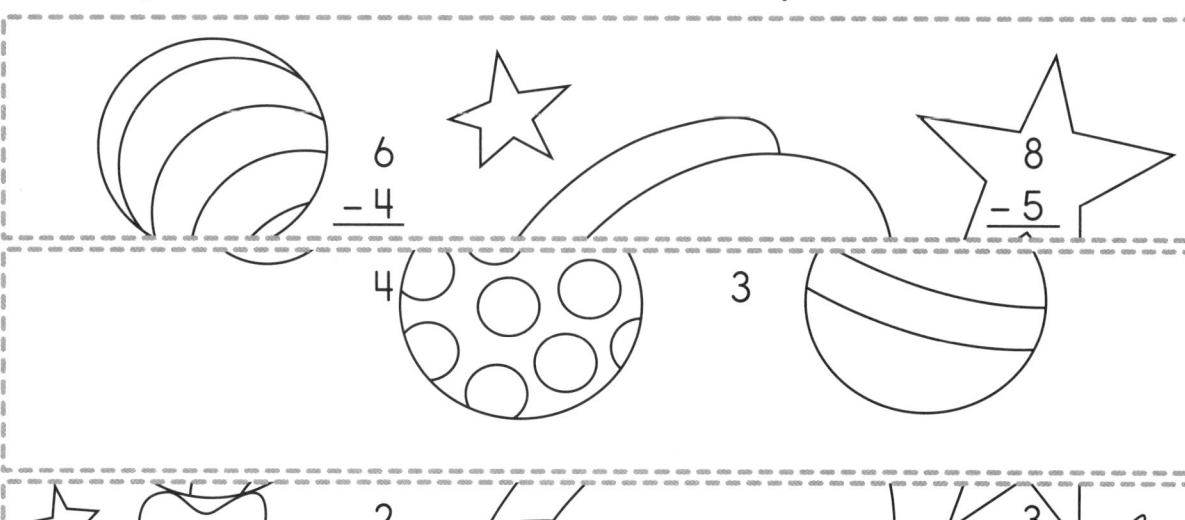

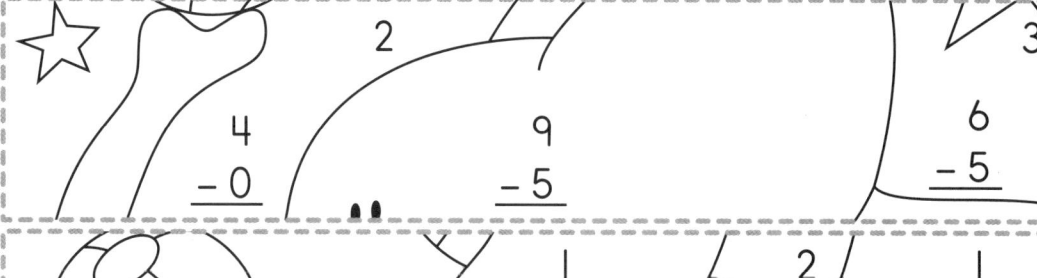

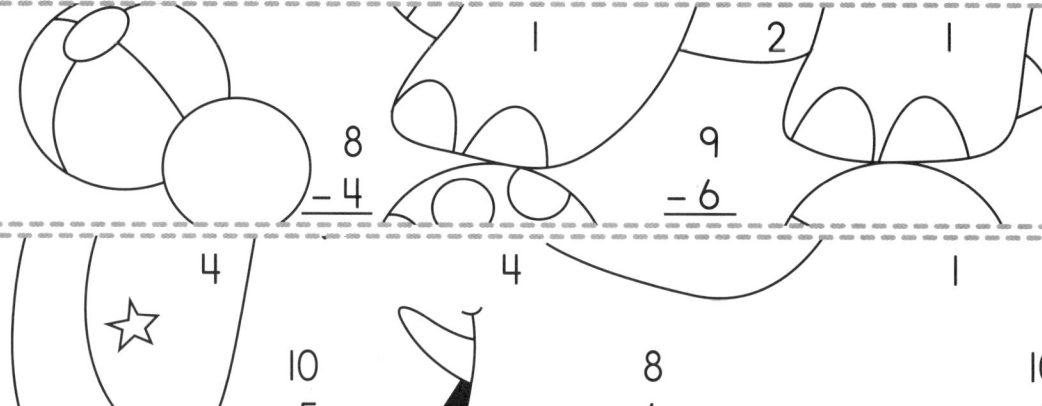

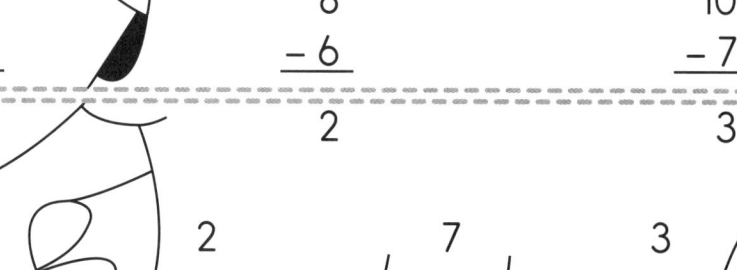

22 CD-104578 • © Carson-Dellosa

Name_____ Date_____ Subtraction Facts 0-10

Number Word Puzzle

Solve each problem. For each difference, find and circle the matching number word in the puzzle. Words can be found across, down, and diagonally.

1. 9   2. 7   3. 6   4. 6   5. 8   6. 6
   -3   -1   -5   -0   -2   -6

7. 6   8. 6   9. 10   10. 8   11. 6   12. 6
   -4   -3   -4   -2   -1   -2

13. 6   14. 7   15. 6   16. 9   17. 7   18. 6
   -1   -1   -0   -3   -1   -5

f	o	u	r	d	m	s	c	s	i	x
t	s	s	i	x	f	i	v	e	i	l
h	i	i	s	s	i	x	t	q	t	x
r	x	p	x	i	u	v	g	b	w	o
e	o	n	e	x	x	z	e	r	o	n
e	s	i	x	f	i	v	e	w	a	e

CD-104578 • © Carson-Dellosa   23

Name_____ Date_____ Subtraction Facts 11–15

 # Subtraction Strings

Write a subtraction problem for each string of beads.

1. 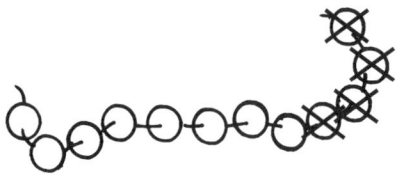   ____ − ____ = ____

2.    ____ − ____ = ____

3. 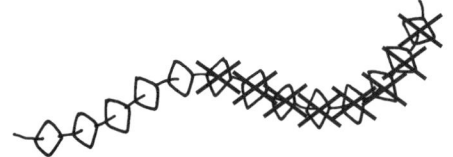   ____ − ____ = ____

4.    ____ − ____ = ____

5. 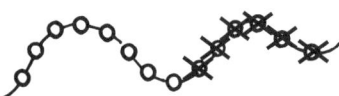   ____ − ____ = ____

Name_____ Date_____ Subtraction Facts 11-15

Cross-Number Puzzle

Find the missing number in each problem. Write the matching number words to complete the puzzle.

Across

2. $15 - \boxed{} = 7$

4. $12 - \boxed{} = 4$

6. $13 - \boxed{} = 8$

7. $14 - \boxed{} = 5$

8. $13 - \boxed{} = 6$

11. $15 - \boxed{} = 8$

12. $11 - \boxed{} = 6$

Down

1. $11 - \boxed{} = 8$ 6. $14 - \boxed{} = 9$ 11. $13 - \boxed{} = 7$

2. $14 - \boxed{} = 6$ 7. $15 - \boxed{} = 6$ 12. $13 - \boxed{} = 9$

3. $14 - \boxed{} = 7$ 9. $13 - \boxed{} = 4$

5. $12 - \boxed{} = 9$ 10. $12 - \boxed{} = 5$

Name_____ Date_____ Subtraction Facts 11-15

 **Star-Crossed Differences**

Draw lines to match pairs of numbers in each box. The difference of each pair equals the number in the star. The first line has been drawn for you.

A.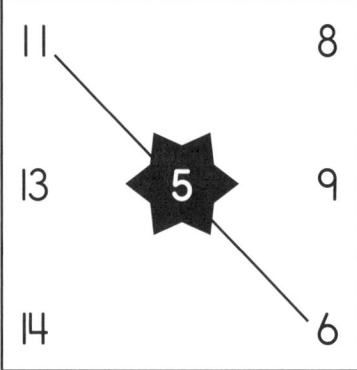

B.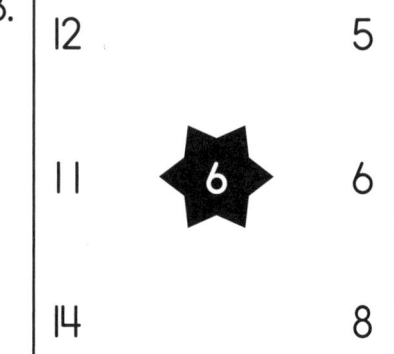

C.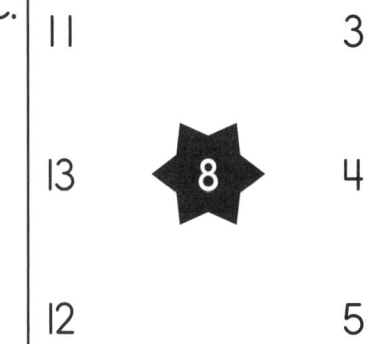

D.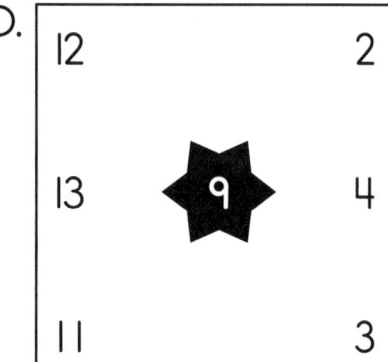

E.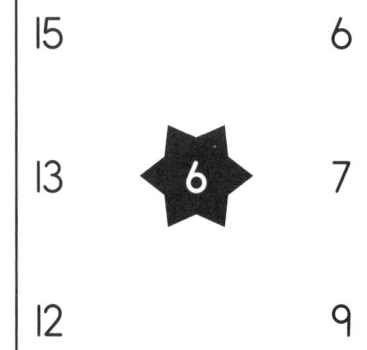

F.

26 CD-104578 • © Carson-Dellosa

Name_____ Date_____ Subtraction Facts 11–15

Take a Bite

Solve each problem. To find the hidden picture, use the key to color the spaces.

Key
2 = red   3 = green   4 = yellow

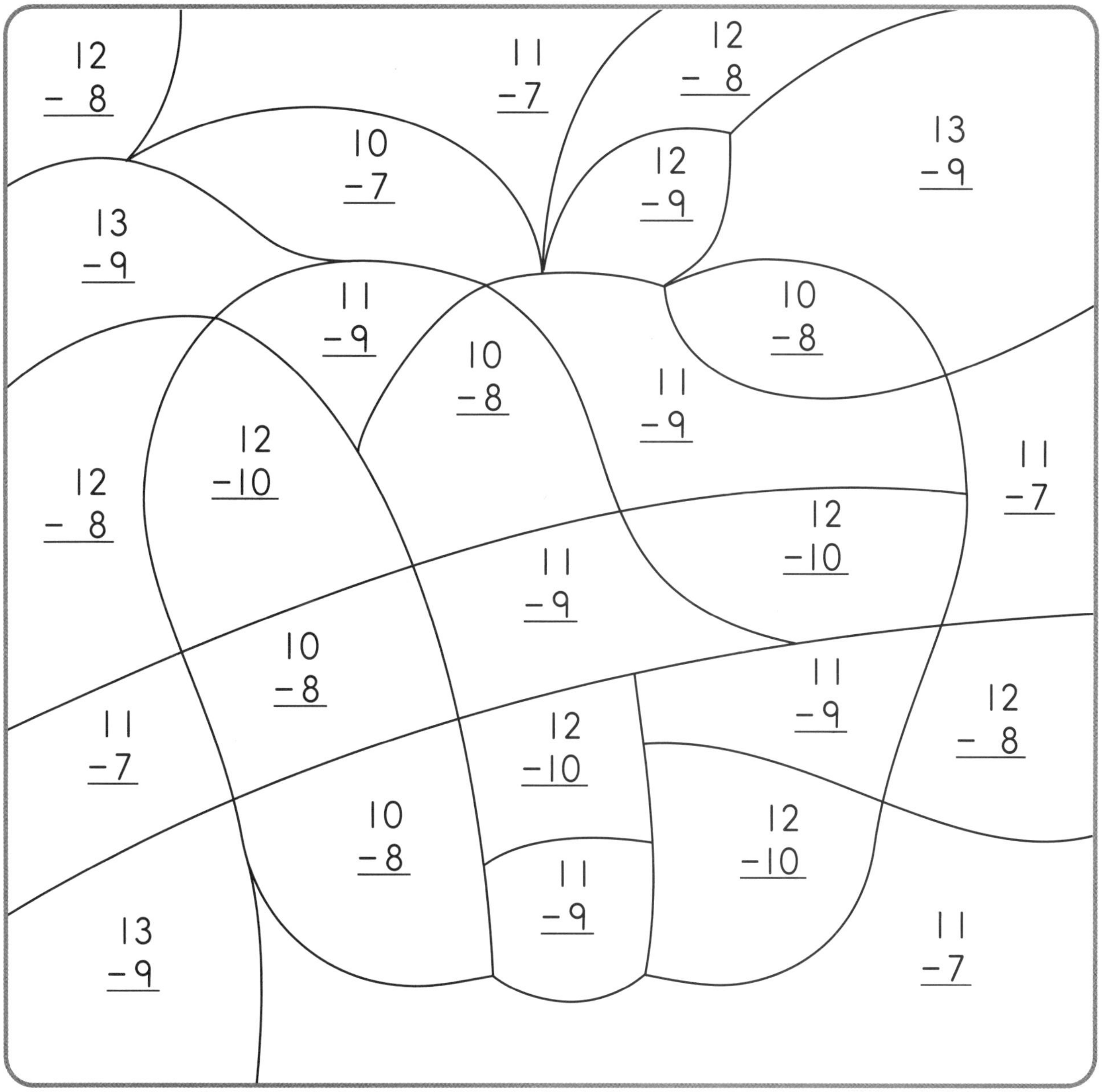

12 − 8	11 − 7	12 − 8
	10 − 7	12 − 9	13 − 9
13 − 9	11 − 9	10 − 8	10 − 8
		10 − 8	11 − 9
12 − 8	12 − 10		12 − 10	11 − 7
	11 − 9		
	10 − 8		11 − 9	12 − 8
11 − 7	12 − 10		
	10 − 8	12 − 10	
13 − 9	11 − 9	11 − 7

CD-104578 • © Carson-Dellosa   27

Name_____ Date_____ Subtraction Facts 11-15

Crumbly Facts

Solve each problem. Find and circle each problem and answer in the puzzle. Problems can be found across and down. The first one has been done for you.

1. 11 – 9 = __2__   2. 12 – 6 = ___   3. 11 – 4 = ___   4. 12 – 5 = ___

5. 13 – 5 = ___   6. 13 – 6 = ___   7. 14 – 6 = ___   8. 11 – 5 = ___

9. 15 – 6 = ___   10. 12 – 4 = ___   11. 13 – 8 = ___   12. 15 – 9 = ___

```
            3  2  1  1  5  3  1
        14  6  8  13 13 1  7  4  12
     8  0  7  0  2  2  7  11 8  6  2
     10 2  8  13 12 12 5  7  2  13 5
     7  0  5  6  2  2  3  0  12 4  8
     15 6  9  7  3  3  11 2  8  0  13
     13 5  8  4  7  7  9  7  7  13 2
     2  3  12 7  9  15 2  4  12 8  1
     5  12 11 0  7  9  1  8  11 5  9
     12 3  4  4  3  6  3  11 5  4  8
        15 7  5  2  2  8  0  6  11
            4  12 12 12 6  6  14
```

28 CD-104578 • © Carson-Dellosa

Name_____ Date_____ Subtraction Facts 16–20

 **Friendly Waters**

Check each problem. Cross out the letters next to incorrect problems. To solve the riddle, write the remaining letters in order on the lines.

1. 18 − 8 = 10	**I**	2. 17 − 17 = 0	**T**	3. 19 − 2 = 10	**R**
4. 20 − 10 = 3	**S**	5. 18 − 4 = 14	**W**	6. 17 − 5 = 11	**V**
7. 19 − 9 = 10	**A**	8. 19 − 1 = 9	**R**	9. 18 − 4 = 15	**S**
10. 16 − 6 = 10	**V**	11. 16 − 4 = 13	**O**	12. 16 − 4 = 12	**E**
13. 18 − 5 = 13	**S**	14. 17 − 4 = 11	**S**	15. 18 − 1 = 16	**E**

How can you tell that the ocean is friendly?

Answer: ___ ___   ___ ___ ___ ___.

Name_____ Date_____ Subtraction Facts 16–20

 "Flutterby" Facts

Solve each problem. Write the matching number words to complete the puzzle.

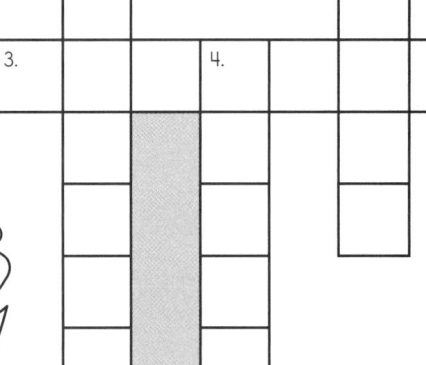

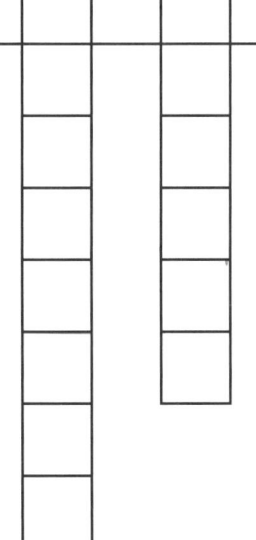 

Across

3. 18 – 3 = _____

5. 18 – 1 = _____

10. 17 – 7 = _____

Down

1. 16 – 2 = _____

2. 18 – 2 = _____

4. 15 – 3 = _____

6. 18 – 0 = _____

7. 15 – 4 = _____

8. 16 – 3 = _____

9. 17 – 8 = _____

Name_____ Date_____ Subtraction Facts 16–20

 **What a Pair!**

Solve each problem. To solve the riddle, match the numbers and write the letters on the lines.

S	O	C	A
18 − 4	17 − 4	16 − 4	18 − 2

R	I	P	F
19 −1	16 − 6	20 −1	17 − 6

What simple machine looks like an *X* when open and a *Y* when closed?

___   ___ ___ ___ ___   ___ ___
16   19   16   10   18   13   11

___ ___   ___   ___   ___ ___   ___ ___
14 12   10   14   14 13   18 14

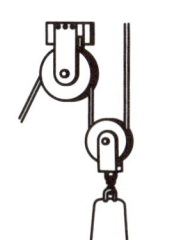 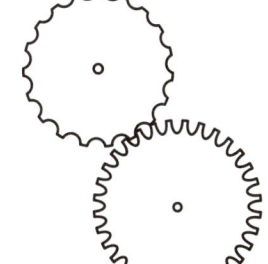 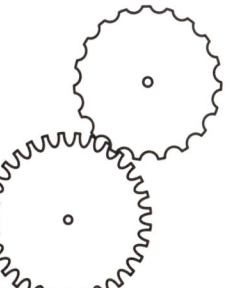 

31

Name_____ Date_____ Subtraction Facts 16–20

Beep, Beep

In each car, circle the facts with differences that match the number on the sign.

1.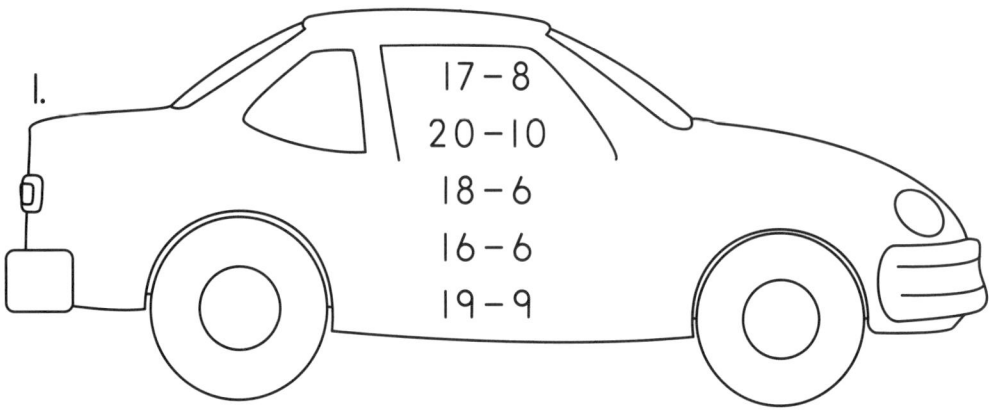
17 − 8
20 − 10
18 − 6
16 − 6
19 − 9

10

2.
19 − 16
20 − 7
18 − 5
16 − 3
17 − 4

13

3.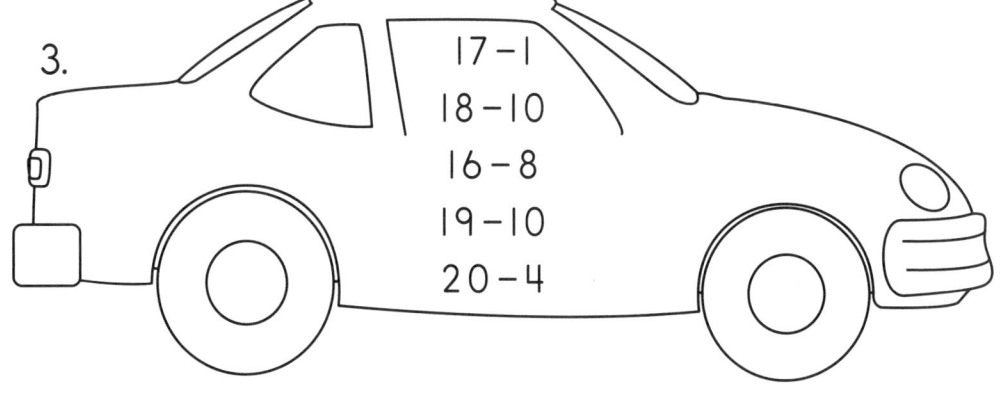
17 − 1
18 − 10
16 − 8
19 − 10
20 − 4

8

Name_____ Date_____ Subtraction Facts 16–20

 **Lucky in Subtraction**

Solve each problem. Cut out the pots of gold. Glue the pot of gold with the correct answer next to each rainbow.

1.

2.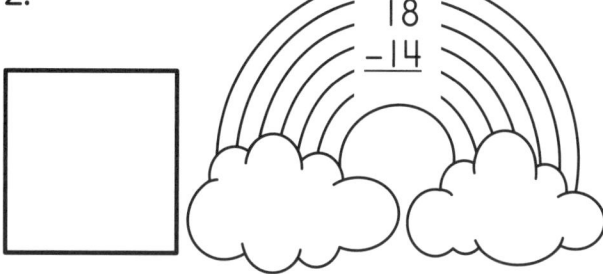

3.

4.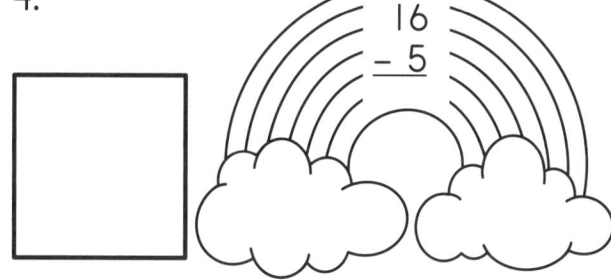

5.

6.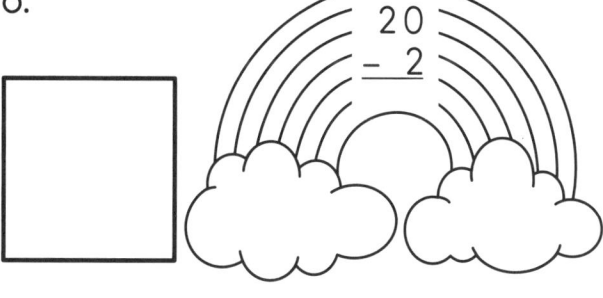

CD-104578 • © Carson-Dellosa   33

Name_____ Date_____ Subtraction Facts 11–20

Tortoise Races Hare

Solve each problem. Color the animal with the greater difference to see who wins each race.

1.
   19 − 13 ; 18 − 14

2.
   17 − 8 ; 11 − 8

3.
   15 − 6 ; 18 − 7

4.
   10 − 6 ; 15 − 9

5.
   14 − 6 ; 14 − 9

6.
   14 − 8 ; 11 − 6

7.
   12 − 5 ; 16 − 8

8.
   11 − 6 ; 13 − 9

Name_____ Date_____ Subtraction Facts 11–20

A Great Big Bow

Solve each problem. To find the hidden picture, use the key to color the spaces. The picture will solve the riddle.

Key
0 = light blue 1 = red 2 = blue 3 = yellow
4 = green 5 = purple 6 = orange

What kind of bow is hard to tie?

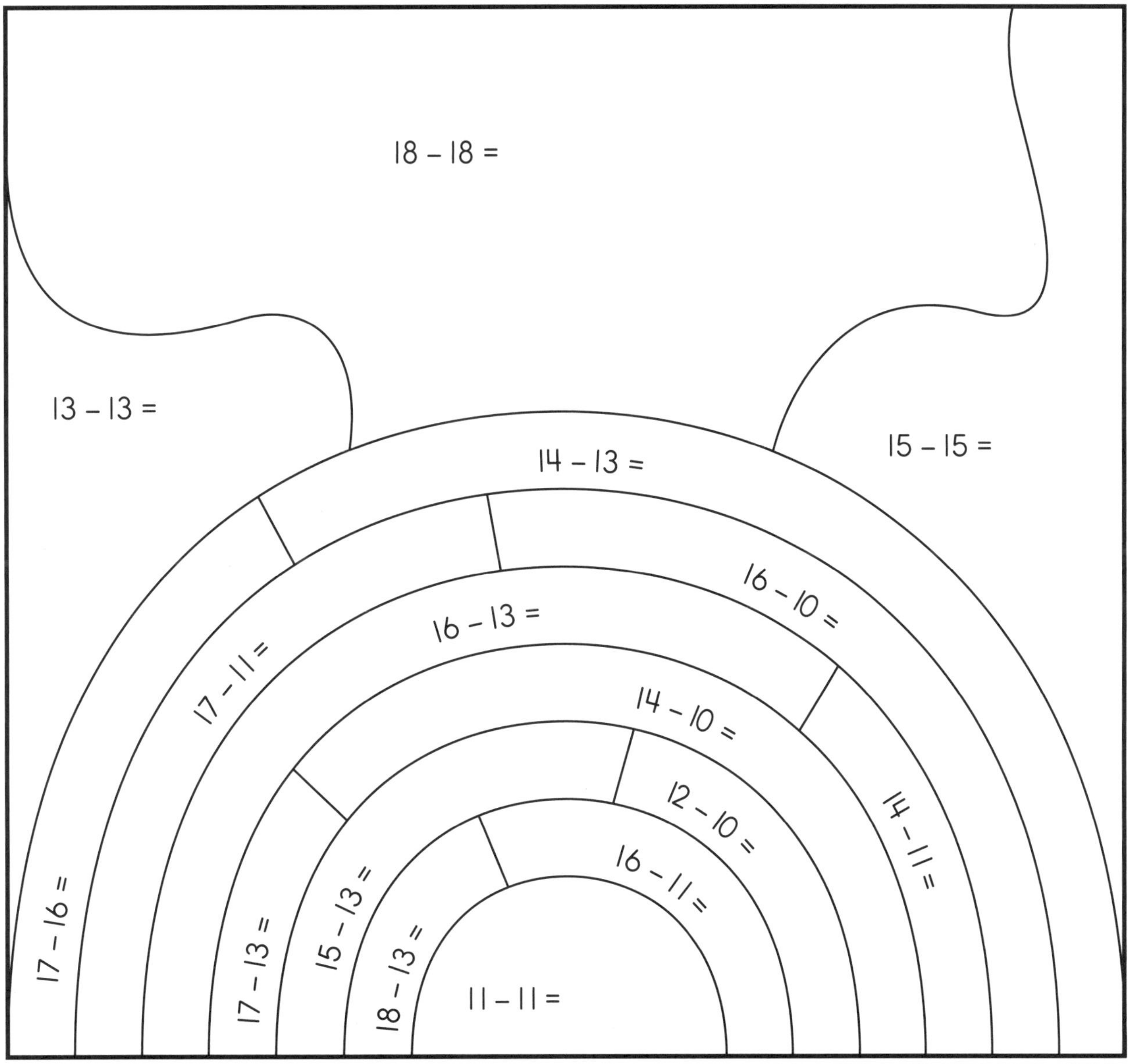

18 – 18 =

13 – 13 =

15 – 15 =

14 – 13 =

16 – 10 =

17 – 11 =

16 – 13 =

14 – 10 =

12 – 10 =

14 – 11 =

16 – 11 =

17 – 16 =

17 – 13 =

15 – 13 =

18 – 13 =

11 – 11 =

CD-104578 • © Carson-Dellosa 35

Name_____ Date_____ Subtraction Facts 11–20

 **Splish, Splash!**

Solve each row of problems in order. Cross out the differences on the slides as you subtract. The first completed slide shows who splashes into the water first.

A. 12   11   13   17   12   11   18   19
   − 8 − 5 − 8 − 9 −12 − 4 − 9 −18

B. 17   12   16   17   15   11   15   13
   −15 − 9 − 8 − 8 − 9 − 6 − 8 − 9

Name_____ Date_____ Subtraction Facts 11–20

TV Facts

Solve each problem. Find and circle each problem and answer in the puzzle. Problems can be found across and down. The first one has been done for you.

1. 16 – 9 = __7__

2. 18 – 9 = ____

3. 11 – 9 = ____

4. 15 – 7 = ____

5. 12 – 8 = ____

6. 19 – 9 = ____

7. 14 – 7 = ____

8. 16 – 8 = ____

9. 15 – 9 = ____

10. 14 – 9 = ____

11. 13 – 8 = ____

12. 15 – 8 = ____

6	9	7	4	12	3	10	4	5	5
16	9	7	8	6	3	11	9	2	10
9	8	1	7	13	7	17	2	2	0
4	1	15	5	8	9	16	14	3	1
8	3	9	18	5	17	7	9	5	8
14	8	6	1	4	3	9	16	11	3
9	5	8	4	19	9	10	8	7	3
5	15	7	8	2	9	6	8	12	14
5	6	3	0	15	8	7	5	12	7
2	13	4	16	1	3	4	6	7	7
1	9	3	5	18	9	9	16	5	1
13	5	12	5	9	13	6	12	8	4

CD-104578 • © Carson-Dellosa

37

Name_____ Date_____ Subtraction Facts 11–20

Rays of Light

Solve each problem. To complete the picture, draw lines to connect the answers from 1 to 7 and 7 to 1. The first one has been done for you.

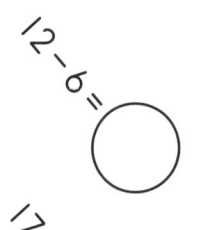

18 – 11 = ◯

12 – 6 = ◯

12 – 8 = ◯

17 – 10 = ◯

11 – 9 = ◯

18 – 16 = ◯

15 – 10 = ◯

17 – 11 = ◯

11 – 8 = ◯

14 – 11 = ◯

18 – 14 = ◯

17 – 16 = ◯

12 – 10 = ◯

Start Here
12 – 11 = ①

38   CD-104578 • © Carson-Dellosa

Break the Code

Subtraction Facts 0–20

Use the key to write the subtraction problems. Solve each problem.

Key
1. ☆
2. spiral
3. ∼
4. |•|•|
5. cross
6. hexagon
7. moon
8. heart
9. rectangle
10. clover
11. diamond
12. hourglass
13. ~
14. eye
15. fish
16. circle
17. boxed X
18. zigzag

1. eye moon
   14 − 7 = 7

2. heart cross
   8 − 5 = 3

3. fish hexagon
   15 − 6 = 9

4. zigzag rectangle
   18 − 9 = 9

5. ~ heart
   13 − 8 = 5

6. diamond |•|•|
   11 − 4 = 7

7. rectangle ∼
   9 − 3 = 6

8. circle cross
   16 − 5 = 11

9. boxed X rectangle
   17 − 9 = 8

10. hourglass spiral
    12 − 2 = 10

Name_____ Date_____ Subtraction Facts 0–20

Apple Facts

Solve each problem. Draw a line from each apple to the worm with the matching answer.

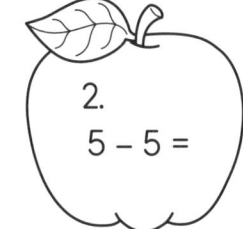

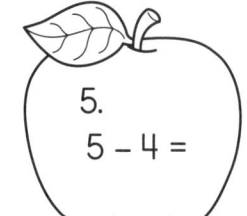

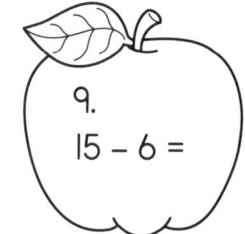

1. 6 − 5 =
2. 5 − 5 =
3. 11 − 2 =
4. 10 − 2 =
5. 5 − 4 =

6. 10 − 3 =
7. 11 − 6 =
8. 12 − 6 =
9. 15 − 6 =
10. 9 − 4 =

Worms (left column): 8, 0, 1, 9, 1
Worms (right column): 7, 6, 9, 5, 5

40 CD-104578 • © Carson-Dellosa

Name_____ Date_____ Subtraction Facts 0–20

Ahoy, Mate!

Solve each problem. Color each difference on the treasure chest. One number will not be colored.

1. 14
    − 8

2. 17
    − 9

3. 9
    − 3

4. 12
    − 5

5. 6
    − 4

6. 18
    − 9

7. 20
    − 9

8. 15
    − 5

9. 16
    − 7

10. 11
    − 3

11. 13
    − 4

12. 8
    − 1

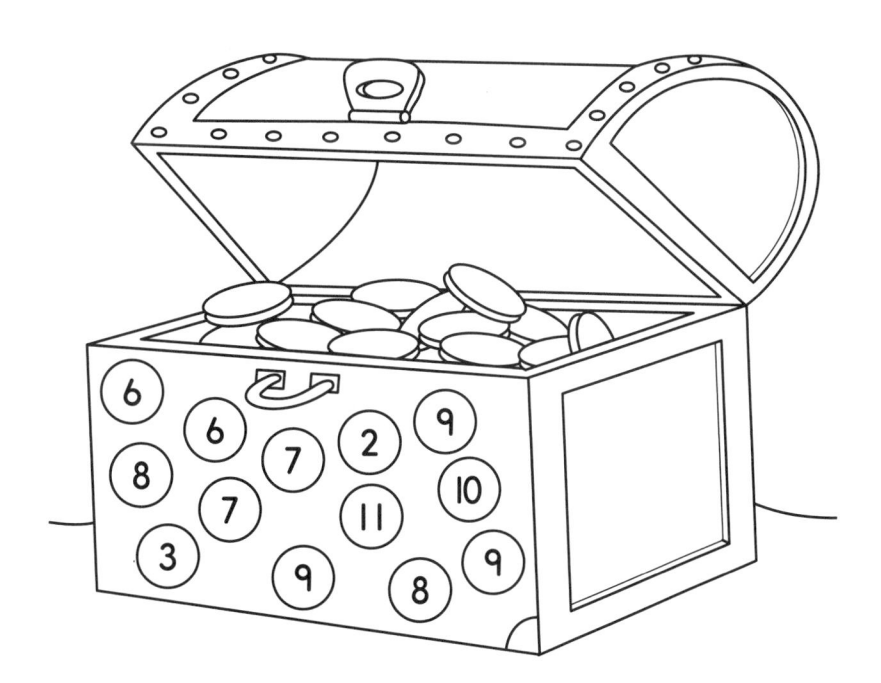

CD-104578 • © Carson-Dellosa

41

Name_____ Date_____ Subtraction Facts 0–20

Superstar Subtraction

Cut out the puzzle pieces. On a separate sheet of paper, glue the pieces together so that all of the subtraction problems are correct.

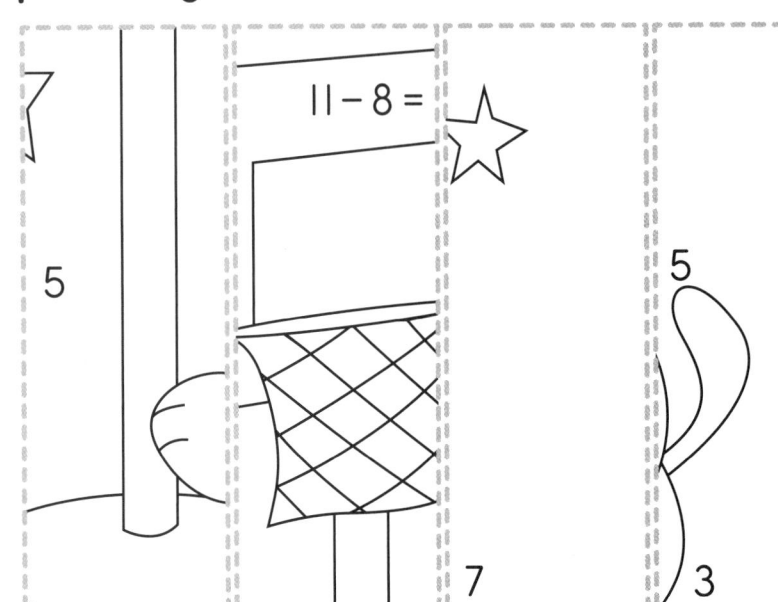

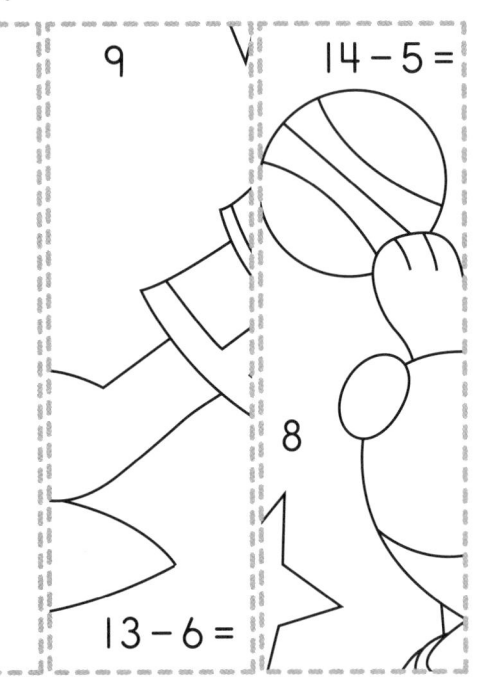

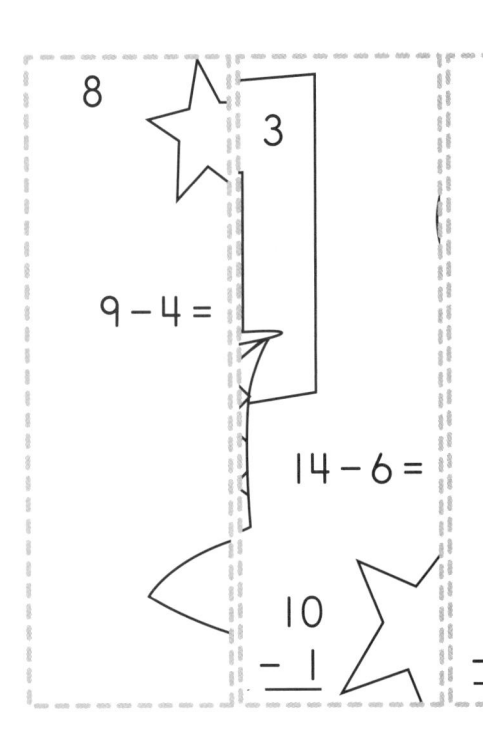

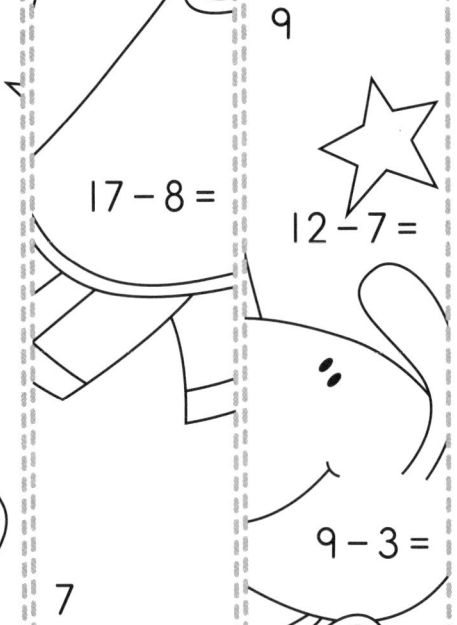

11 − 8 =

14 − 5 =

5

9

5

7

3

8

13 − 6 =

8

3

9

9 − 4 =

17 − 8 =

12 − 7 =

14 − 6 =

9

10
− 1

16
− 8

14 − 7 =

7

9 − 3 =

42

CD-104578 • © Carson-Dellosa

Name_____ Date_____ Subtraction Facts 0–20

Snail Snack

Solve each problem. Draw a line through the differences in the maze to help the snail find the mushrooms.

1. 14   2. 13   3. 11   4. 16   5. 15   6. 18
   − 5   − 8   − 9   − 8   − 6   − 9

7. 15   8. 11   9. 12   10. 9   11. 17   12. 12
   − 7   − 5   − 7   − 0   − 8   − 5

13. 11   14. 17   15. 11   16. 9   17. 10   18. 12
   − 5   − 9   − 2   − 8   − 5   − 4

Name_____ Date_____ Subtraction Facts 0–20

That Is "Souper"

Find the missing number in each problem. To solve the riddle, match each missing number to a letter in the key. Write the letters in order on the lines.

Key

| 0 = U | 1 = A | 2 = E | 3 = P | 4 = T |
| 5 = S | 6 = O | 8 = H | 9 = B | 10 = L |

1. 7 – ___ = 5
2. 17 – ___ = 16
3. 11 – ___ = 7
4. 5 – ___ = 4
5. 10 – ___ = 0
6. 11 – ___ = 8
7. 17 – ___ = 9
8. 7 – ___ = 6
9. 10 – ___ = 1
10. 11 – ___ = 9
11. 4 – ___ = 0
12. 7 – ___ = 2
13. 9 – ___ = 3
14. 8 – ___ = 8
15. 6 – ___ = 3

What is one way to learn during dinner?

Answer: ___ ___ ___

__ __ __ __ __ __ __ __ __.

44   CD-104578 • © Carson-Dellosa

"Karate Belt" Bracelet Patterns

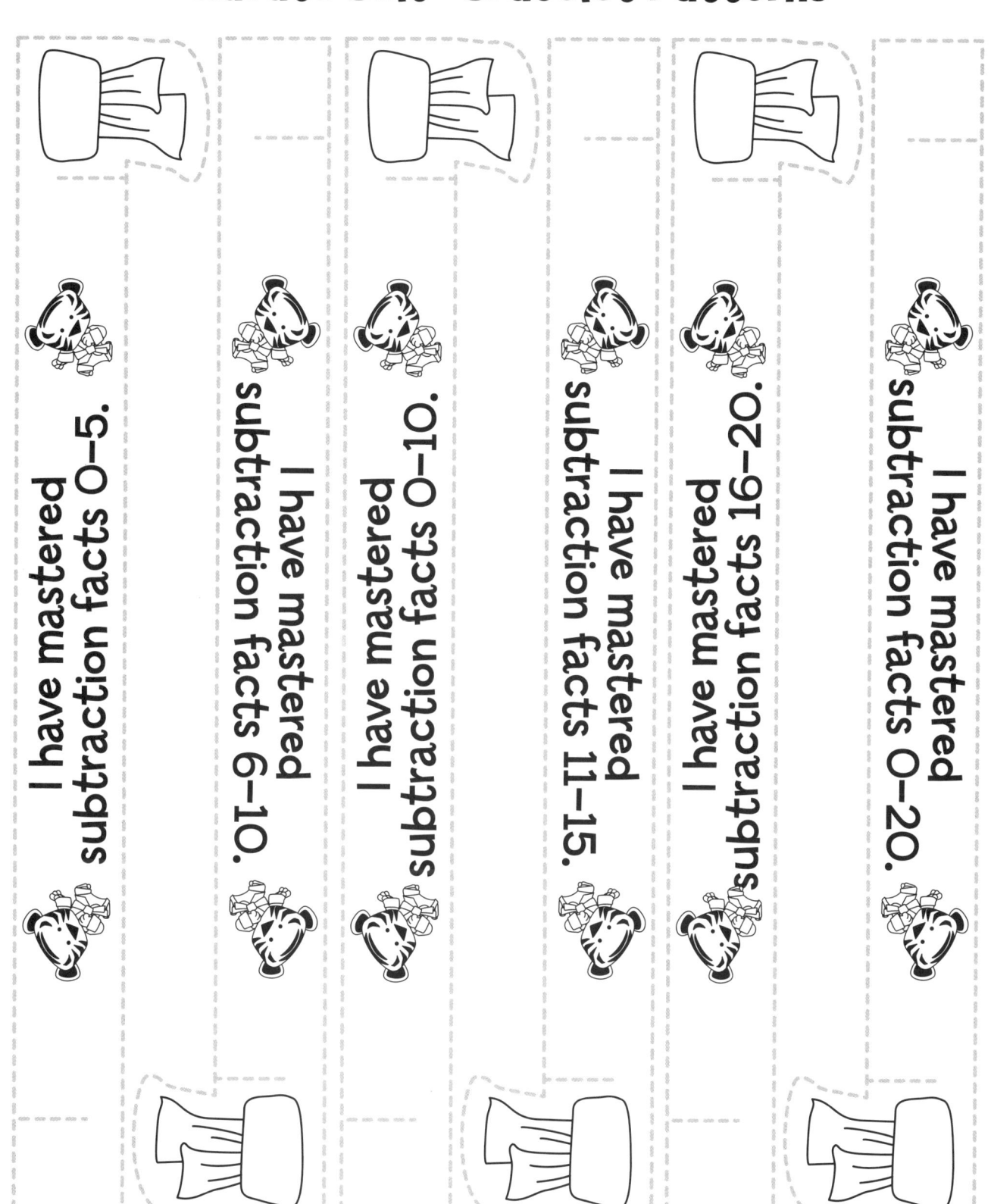

I have mastered subtraction facts 0–5.

I have mastered subtraction facts 6–10.

I have mastered subtraction facts 0–10.

I have mastered subtraction facts 11–15.

I have mastered subtraction facts 16–20.

I have mastered subtraction facts 0–20.

Certified MATH MASTER!

congratulations!

_____

is a master of subtraction facts within 20.

Answer Key

Page 4
1. 3; 2. 2; 3. 0; 4. 1; 5. 2; 6. 2; 7. 4; 8. 3

Page 5
5 = 5 − 0; 4 = 5 − 1; 3 = 4 − 1; 2 = 4 − 2, 3 − 1; 1 = 5 − 4, 3 − 2; 0 = 5 − 5, 1 − 1

Page 6
1. 4 − 3 = 1; 2. 3 − 2 = 1; 3. 5 − 3 = 2; 4. 2 − 2 = 0; 5. 3 − 3 = 0; 6. 3 − 1 = 2; 7. 2 − 0 = 2; 8. 4 − 2 = 2; 9. 5 − 4 = 1; 10. 4 − 1 = 3

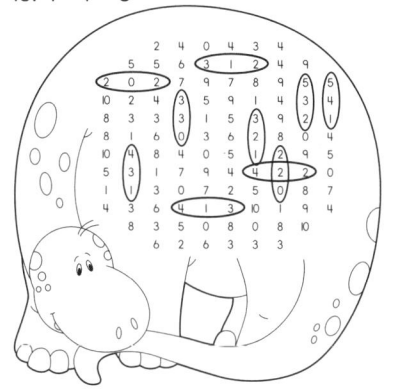

Page 7
1. five; 2. one; 3. one; 4. two; 5. one; 6. two; 7. zero; 8. two; 9. one; 10. three

Page 8
1. 3; 2. 1; 3. 0; 4. 3; 5. 2; 6. 2

Page 9
1. 4; 2. 5; 3. 6; 4. 3; 5. 4; 6. 3; 7. 2; 8. 3; 9. 5; Students should color backpack 7.

Page 10
Check students' pictures.

Page 11
A POST OFFICE

Page 12
A. 6 − 5 = 1, 10 − 9 = 1, 9 − 1 = 8, 10 − 6 = 4, 8 − 3 = 5, 4 − 1 = 3;
B. 7 − 6 = 1, 10 − 8 = 2, 10 − 7 = 3, 2 − 2 = 0, 9 − 5 = 4, 5 − 5 = 0;
C. 9 − 4 = 5, 1 − 1 = 0, 9 − 5 = 4, 8 − 8 = 0, 6 − 5 = 1, 10 − 1 = 9;
D. 7 − 3 = 4, 8 − 5 = 3, 10 − 4 = 6, 9 − 3 = 6, 8 − 7 = 1, 9 − 6 = 3;
E. 9 − 3 = 6, 5 − 2 = 3, 6 − 6 = 0, 8 − 1 = 7, 2 − 1 = 1, 7 − 5 = 2;
F. 8 − 4 = 4, 10 − 6 = 4, 8 − 3 = 5, 10 − 9 = 1, 8 − 8 = 0, 6 − 5 = 1; Students should color the horse in row C.

Page 13
Check students' pictures.

Page 14
1.–6. Students should write the following facts in any order: 7 − 4, 6 − 3, 5 − 2, 8 − 5, 9 − 6, 4 − 1. 7.–12. Students should write the following facts in any order: 7 − 3, 8 − 4, 5 − 1, 4 − 0, 6 − 2, 9 − 5.

Page 15
NOTHING. BANANAS CAN'T TALK!

Page 16
Check students' pictures.

Page 17
RAT, COW, DOG, CAT, and YAK

Page 18
A. 7 and 9, 3 and 5, 2 and 4; B. 1 and 6, 2 and 7, 5 and 10; C. 0 and 3, 6 and 9, 5 and 8; D. 3 and 4, 7 and 8, 5 and 6; E. 9 and 5, 8 and 4, 6 and 2; F. 7 and 1, 9 and 3, 10 and 4

Page 19
Check students' pictures. A "4" should be revealed.

Page 20
2 = 5 − 3, 8 − 6, 6 − 4; 7 = 10 − 3, 9 − 2, 7 − 0; 4 = 9 − 5, 6 − 2, 10 − 6

Page 21
Check students' drawings.

Page 22
Check students' puzzles.

Page 23
1. 9 − 3 = 6; 2. 7 − 1 = 6; 3. 6 − 5 = 1; 4. 6 − 0 = 6; 5. 8 − 2 = 6; 6. 6 − 6 = 0; 7. 6 − 4 = 2; 8. 6 − 3 = 3; 9. 10 − 4 = 6; 10. 8 − 2 = 6; 11. 6 − 1 = 5; 12. 6 − 2 = 4; 13. 6 − 1 = 5; 14. 7 − 1 = 6; 15. 6 − 0 = 6; 16. 9 − 3 = 6; 17. 7 − 1 = 6; 18. 6 − 5 = 1

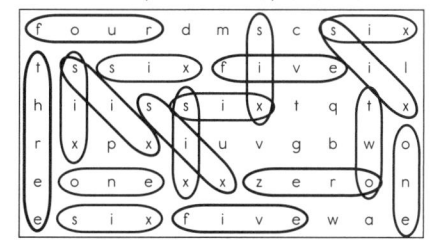

Page 24
1. 12 − 4 = 8; 2. 14 − 7 = 7; 3. 13 − 8 = 5; 4. 11 − 5 = 6; 5. 14 − 6 = 8

Page 25

Page 26
A. 11 and 6, 13 and 8, 14 and 9; B. 12 and 6, 11 and 5, 14 and 8; C. 11 and 3, 13 and 5, 12 and 4; D. 12 and 3, 13 and 4, 11 and 2; E. 15 and 9, 13 and 7, 12 and 6; F. 12 and 5, 11 and 4, 15 and 8

Page 27
Check students' pictures.

Page 28
1. 11 − 9 = 2; 2. 12 − 6 = 6; 3. 11 − 4 = 7; 4. 12 − 5 = 7; 5. 13 − 5 = 8; 6. 13 − 6 = 7; 7. 14 − 6 = 8; 8. 11 − 5 = 6; 9. 15 − 6 = 9; 10. 12 − 4 = 8; 11. 13 − 8 = 5; 12. 15 − 9 = 6

Page 29
IT WAVES.

Page 30

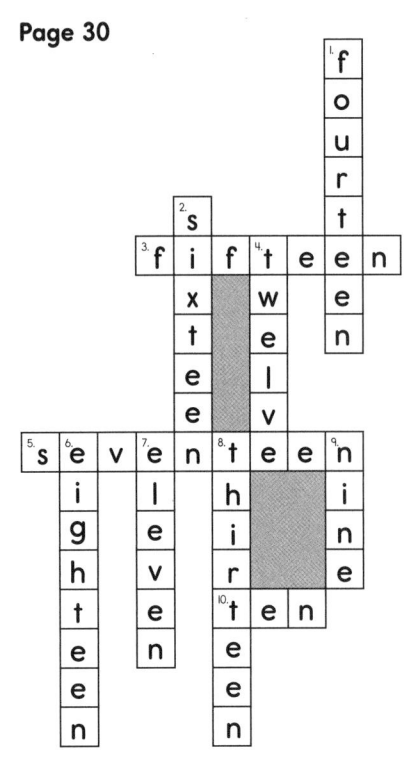

(crossword)
1. fourteen
2. six
3. fifteen
4. twelve
5. seventeen
6. eighteen
7. eleven
8. thirteen
9. nineteen
10. ten

Page 31
A PAIR OF SCISSORS

Page 32
1. 10 = 20 − 10, 16 − 6, 19 − 9; 2. 13 = 20 − 7, 18 − 5, 16 − 3, 17 − 4; 3. 8 = 18 − 10, 16 − 8

Page 33
1. 1 = 20 − 19; 2. 4 = 18 − 14; 3. 12 = 17 − 5; 4. 11 = 16 − 5; 5. 15 = 19 − 4; 6. 18 = 20 − 2

Page 34
1. 6, 4; 2. 9, 3; 3. 9, 11; 4. 4, 6; 5. 8, 5; 6. 6, 5; 7. 7, 8; 8. 5, 4

Page 35
Check students' pictures.

Page 36
The pig splashes into the water first.

Page 37
1. 16 − 9 = 7; 2. 18 − 9 = 9; 3. 11 − 9 = 2; 4. 15 − 7 = 8; 5. 12 − 8 = 4; 6. 19 − 9 = 10; 7. 14 − 7 = 7; 8. 16 − 8 = 8; 9. 15 − 9 = 6; 10. 14 − 9 = 5; 11. 13 − 8 = 5; 12. 15 − 8 = 7

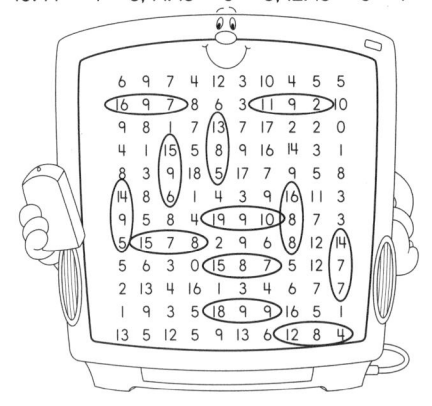

Page 38
Check students' pictures.

Page 39
1. 14 − 7 = 7; 2. 8 − 5 = 3; 3. 15 − 6 = 9; 4. 18 − 9 = 9; 5. 13 − 8 = 5; 6. 11 − 4 = 7; 7. 9 − 3 = 6; 8. 16 − 5 = 11; 9. 17 − 9 = 8; 10. 12 − 2 = 10

Page 40
1. 6 − 5 = 1; 2. 5 − 5 = 0; 3. 11 − 2 = 9; 4. 10 − 2 = 8; 5. 5 − 4 = 1; 6. 10 − 3 = 7; 7. 11 − 6 = 5; 8. 12 − 6 = 6; 9. 15 − 6 = 9; 10. 9 − 4 = 5

Page 41
1. 14 − 8 = 6; 2. 17 − 9 = 8; 3. 9 − 3 = 6; 4. 12 − 5 = 7; 5. 6 − 4 = 2; 6. 18 − 9 = 9; 7. 20 − 9 = 11; 8. 15 − 5 = 10; 9. 16 − 7 = 9; 10. 11 − 3 = 8; 11. 13 − 4 = 9; 12. 8 − 1 = 7; The 3 coin will be left uncolored.

Page 42
Check students' puzzles.

Page 43

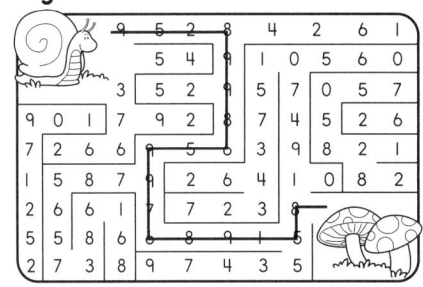

Page 44
EAT ALPHABET SOUP.